正覚のとき

河原 道三

まえがき

これまで四冊の本を作った。

純粋経験B　一九九四年八月
人間の心に生じる特異点　二〇〇〇年一一月
『日本の哲学』と『いくつかのBの例』　二〇〇九年五月
カイゼルシステム　二〇一五年七月

前の三冊は哲学理論について述べたものであり、『カイゼルシステム』については現在日本の大学で教えられている奇妙奇天烈なドイツ哲学がどのようにして日本に導入されたか、そのからくりをくわしく論述したものである。

本書においては、上述の哲学理論を導き出してくれた基礎となる私の青春時代の「坐禅」体験、並びにその帰結として、神秘体験と称せられているものの現代的評価価値についての論考「神秘体験」をまとめた。

御参考にしていただければ幸いである。

目次

神秘体験

坐禅

一　私の幼児時代の環境

私は、家族と離れて、夏は蓼科に住んでいる。私が四七歳のころ造った山小屋で、温泉付きだし面積も一四〇平方メートルもあって、山小屋にしては豪邸である。小屋全体を断熱材でくるみ、灯油によるセントラルヒーティング装置がついているから、冬季でも暖かく過ごせる。

建設当初は、家族や親戚が来て、スキーを楽しんだものだが、数年もすぎると、この山小屋に来るのは私一人になってしまった。

私は家族が忙しくたちまわる東京の家を本拠としていたのだが、家族がぺちゃくちゃ喋りまくる騒がしさに辟易して、金曜日の昼からは蓼科に出かけ、日曜日の夜おそく東京に帰ることを常習とした。つまり、私は蓼科の家に一人で閉じこもることが好きなのであった。すなわち、孤独生活が好きで、孤独生活を必要としていたのだ。

どうしてこうなったのだろうと考えてみると、どうやら私の幼児時代の体験にあるらしい。

私は一歳数か月で生母が病死したため、物心つくかつかないかのときに独りぼっちになっていた。私の最初の記憶は、多分私が二歳ころのことだろう。朝五時頃に布団のなかで目を覚ましたのだが、一緒に添い寝をしているはずの

「森山のおばば」は布団のなかにいなかった。生母が亡くなってから、「森山のおばば」が二階の女中部屋で添い寝をしてくれていたのだが、彼女は早朝から朝食の準備でぬけだしていて、私の横にはいなかった。

私はじっとして、時間が過ぎるのをただ待った。毎朝これが続いた。見回りにきてくれる人は誰もおらず、私は一人で寝床から抜け出すこともならず、ひたすら一人で時間が過ぎるのを待った。その間、なにを考えていたのだろう。今となってはなにも思い出せない。普通の親子ならば、こういう状況でもなにかしら会話があったに違いない。だが、私には誰も話す相手はいなかったのである。

こうして私は「孤独」と友達になった。まわりに兄弟がいる場合でも私は一人殻に閉じこもり、孤独のなかで空想にふける子供となった。

二　はじめての坐禅

皆それぞれにいわく因縁があるのだろうが、私の場合は次のような具合で坐禅生活がはじまった。

私が十二歳（中学一年）の四月、建築会社をやっていた私の伯父、真柄要助が「今日は坐禅に行くからな」と宣言して、要助の息子二人と私の兄二人をふくめて合計六人で坐禅に出かけた。この時代は前の時代の余波として金沢では坐禅が教養の一つとなっていた背景があり、私はこのような伯父の導きをさほどおかしいとは思わなかった。

ところが坐禅に出かけた先は禅宗の寺ではなく、金沢市内の一般の家であった。金沢大学教育学部長徳光八郎先生の新築の家であった。

徳光八郎先生の家の座敷には部屋の周辺に座布団が敷かれ、禅坊主がひとり、

白隠禅師坐禅和讃

衆生本来仏なり　水と氷の如くにて
水を離れて氷なく　衆生の外に仏なし
衆生近きを知らずして　遠く求むるはかなさよ
譬えば水の中に居て　渇を叫ぶが如くなり
長者の家の子となりて　貧里に迷うに異ならず
六趣輪廻の因縁は　己が愚痴の闇路なり
闇路に闇路を踏みそえて　いつか生死を離るべき
夫れ摩訶衍の禅定は　称嘆するに余りあり
布施や持戒の諸波羅蜜　念仏懺悔修行等
その品多き諸善行　皆この中に帰するなり
一坐の功を成す人も　積みし無量の罪ほろぶ
悪趣何処にありぬべき　浄土即ち遠からず
辱くもこの法を　一たび耳に触るるとき
讃嘆随喜する人は　福を得ること限りなし
況や自ら廻向して　直に自性を証すれば
自性即ち無性にて　已に戯論(けろん)を離れたり
因果一如の門ひらけ　無二無三の道直し
無相の相を相として　往くも帰るも余所ならず
無念の念を念として　歌うも舞うも法の声
三昧無礙の空ひろく　四智円明の月さえん
この時何をか求むべき　寂滅現前する故に
当処即ち蓮華国　この身即ち仏なり

白隠禅師坐禅和讃

庭を背景に座っておられた。あとでお聞きしたら相国寺派のお坊さんであった。金沢には相国寺派の禅寺はないので、よそから招かれたのだろう、と考えている。

この禅僧と徳光八郎先生とその奥様と我々六人で坐禅会は始まった。

腰に腰枕を当てがい、半跏を組み、禅僧が線香に火を燈し、約五〇分ばかり坐禅を組み、終わりに禅僧が警策を持ち、参加者の肩甲骨をたたいて回り、全員で「白隠禅師坐禅和讃」を唱和する。最後にお菓子とお茶が出され、それを頂いて解散するのである。

いままで坐禅をやったことのない者には、足は痛いし、坐禅中の全くの静寂は異様であるし、終わったあとの足のしびれは耐え難いものであるから、突然襲ってきた「苦行」というのがはじめての坐禅の印象であった。

お菓子をたべながら、これから毎月一回この坐禅会を開くから、よかったら坐禅会に参加してください、とのお言葉が徳光八郎先生からあった。

先生の新築のお宅は野町広小路から寺町の方へワンブロック上がった寺町五丁目から南へすこし入ったあたりにあって、回りに家は少なく静寂そのものであった。

私はどういうわけかこの坐禅会が気に入って、このときから高校三年の冬にいたるまで六年間、毎月一回この坐禅会に通い続けた。一回も休むことがなかった。私の従兄弟と兄弟は一回で参禅をやめた。だから私は一人で通ったのである。

徳光八郎先生も禅僧も、私にはなにも話してくれなかった。ただひたすら坐ることを目標とした坐禅会であった。人によっては、例えば私の伯父のように、（白隠禅師の）「隻手の公案」の意味をとくとくと語る人もいるのではあるが、このような自慢話はこの坐禅会では決して披露されなかった。

私は、ひたすら真剣に座ったので、この六年間の修行で「心を鎮める」とか「心の中に沈む」とか、線香の灯のなかに時間と融合するコツを覚えた。完璧に坐禅をマスターした、と思う。

人は坐禅を心を鎮めるための道具として考え、静かな心を作るために坐禅に通うようであるが、どういうわけか私は第一回目の坐禅会から、坐禅の雰囲気のなかに同化して、いささかの疑いももたない禅人となってしまった。

人はこの坐禅からいかようにして「至高の境地」にいたるかを真剣に考え、相談し合うのが常であるが、わたしの場合は、語り合う人を誰一人持たず、高校三年までひたすら禅に没入した。だから、禅人の姿勢は出来上がっていて、あとは事態が起こるのを静かに待つばかり、の状態になった。

こういう訓練の結果、私は大部分の禅修行者とはことなり、結果については考えず、なにも考えないまま、結果を待つ姿勢を続けることとなった。求めては来ないのである。ひたすら修行を完成の状態に仕上げると、結果は向こうから来てくれる、のである。

こういうことで、私は基本的に心の奥底の思念にふける人間となった。普通、高校生は放課後はクラブ活動をするものであるが、わたしは運動クラブにはまったく興味がなく、部活とはまったく縁がないへんてこりんな学生となった。だから、いまでもスポーツには縁がない。

三　思いがけない経験

菩薩坐像、石灰石、東魏、【紀元530年頃】、河南省洛陽近辺の白馬寺出土、ボストン美術館、2009年3月16日撮影、部分修正。

美術館注解：

伝えられるところによれば、当館アジア部門の初代館長であった岡倉覚三（一八六二・一九一三）が、一九〇六年、中国で最も古い仏教寺院である白馬寺の境内で、この作品を半分土に埋もれた状態で発見した。彼は直ちにこれが五二〇年代の彫刻のほぼ完全な例であるとして、その重要性を認識した。その当時は中国の芸術家達は、仏教彫刻につき単一水準の優雅さと美しさを獲得した時代であった。彼はこの作品を買おうとしたが、拒絶された。そこでボストンに帰り、友人たちや同僚たちに「逃げた魚」について話した。
岡倉の死後間もなく、この博物館の評議員であったDenman Waldo Ross氏がパリの骨董屋でこの菩薩を見つけた。どうやら誰かが岡倉のあとで、寺院の管理人が断れないような金額を提示したらしかった。ボストンの最も活動的な収集家の一人であったRoss氏は、これまでに永年にわたって美術館に一万一千点もの作品を寄贈していたのだが、この作品を買い取り、岡倉の特別なる功績を讃え、これを美術館に寄贈した。今日にいたるまで、この作品はこの種類の仏像のうちもっとも重要な作品の一つであると学者たちは考えている。

岡倉天心が白馬寺境内で土中に埋もれていた菩薩坐像を発見し、その美しさに驚嘆し、後にハーバード大学教授Dr. Denman Waldo Rossがパリの骨董屋でこれを再発見して、ついにボストン美術館に収まった経緯はこれで分かった。白馬寺は中国に仏教が入ってきて建立された最初の寺であることからして、この菩薩坐像は特別に重要な意味をもっていると考えられる。仏教徒としては、ついつい仏教の淵源を白馬寺に求める気持ちになってしまう。（注：白馬寺については、仏教の伝来―、http://www.lcv.ne.jp/~kohnoshg/site55/china4.htmを参照乞う。）

しかし、白隠禅師が「坐禅和讃」のなかで「夫れ摩訶衍の禅定は、称嘆するに余りあり」、「いはんや自ら回向して　直に自性を証すれば　自性即ち無性にて　すでに戯論（げろん）を離れたり」と述べるように、外的事象を淵源と考えて白馬寺まででかけても、「自性を証すること」にはつながらない。

菩薩坐像の美しさは古典芸術の典雅さとしてこれを称揚することには反対しないものの、外的事象は仏教の精神を理解する上では「的外れ」であることは確かだ。

また「自性を証する」と書けば、自らの心を手術台の上におき、「実験的に証明する」、謂わば「自分で努力してこれを達成する」の謂いなのであるが、実際には、「自分で達成する」あるいは「自分の意思で達成できる」ものではなく、「それはある日突然に自分にやってくるもの」なのである。

さらにより良き理解を得るために、「宗教的経験の諸相」（岩波書店、上巻一〇五頁）からあるスイス人の書いた記述を引用したい。

「わたしは完全な健康状態にあった。わたしたちの徒歩旅行も六日目で、コンディションも上々であった。一昨日シクス（Sixt）を出発し、ビュエ（Buet）を通ってトリアン（Trient）へ向かっていた。わたしは、疲れも飢えも、また渇きも感じなかった。わたしの精神状態も、同じように健全であった。フォルラ（Forlax）に着いたとき、わたしは家からの吉報を受け取った。わたしは、さし迫った心配にも、遠い心配にも、煩わされることはなかった。わたしたちにはすぐれた案内人がついていて、これからたどって行かねばならぬ道のことで不安を感じることは、いささかもなかったからである。そのときのわたしの状態は、平衡状態とでも呼べば、もっ

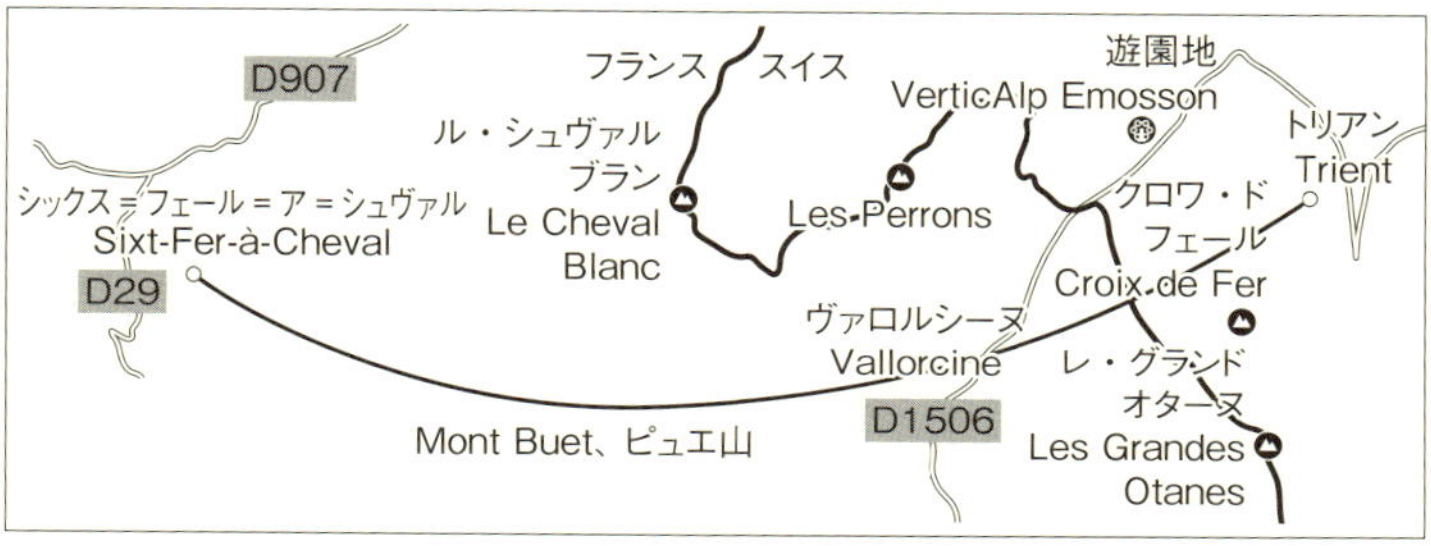

シクスからビュエを経由してトリアンに至る推定経路

とも適切に表現できるものであった。そのとき突然、わたしは、わたし自身を越えたかなたに持ち上げられるような感じを経験した、わたしは神の現前を感じた――わたしは、わたしが意識したままのことを語っているのである――あたかも神の善と神の力とがわたしに滲みとおるような感じであった。感動が高まって鼓動が激しく、わたしは、仲間の若い人たちに、わたしを待たないで先に行ってくれるようにと、辛うじて言うことができたほどであった。それからわたしは、それ以上立っていられなかったので、石に腰を下ろした、わたしの眼からは涙が溢れおちた。わたしは、わたしの生涯のうちに、神がわたしに神を知ることを教え給いしことを、神がわたしの生命を守り、わたしのごとき取るに足らぬ人間、罪ある人間をば憐れみ給いしことを、神に感謝した。……云々」

Mont Buetは標高が三〇九六メートルもある高山。出発点のSixt-Fer-à-ChevalもスイスのTrientへ抜ける途中のCroix de Ferもスキー場であるから、この人が行っていたのは山岳徒歩旅行であった、と理解してよいだろう。身体条件が完璧な状態でなければ参加できなかった山岳旅行であったと理解してよいだろう。フォルラ（Forlax）の位置については確認できないが、D一五〇六国道沿いに昔あった宿場であろう、と推定される。旅行の時期は多分七〜九月。

ここまでご理解いただいたら、そろそろ私の「思いがけない経験」をご披露させていただくことにしよう。私はこの際、自分で望んだからかような経験をしたのではない。この経験は充実した精神生活のなかで突然に、予期せず、まるで向こうからやってきたように私にやってきたのである。

昭和三三（一九五八）年二月、私は京都大学を受験して不合格となった。不合格になってはじめて私は「合格するには勉強しなければだめなのだ」という真理を悟った。

そこで私は金沢を離れ、京都市山科区西野山桜馬場町にあった伯父（父の兄）の家に引っ越しして本格的な受験勉強を始めた。数学と英語と理科は自信があったので、世界史などの文科系を中心に猛勉強したのである。

桜馬場町というのは大石内蔵助が住んでいた場所で、ここから内蔵助は滑石峠を越えて祇園に通ったのであるが、私は毎日滑石峠を歩いて越えて東山通り七条のバス停まで行き、そこからバスで烏丸鞍馬口にあった関西文理学園に通った。滑石峠というのは当時はほとんど人も通らない山道で舗装もされていなかった。この山道は片道が三〇分ほどかかるので、私は吉岡力の高校教科書「世界史」を十部に小分けして、毎日一部づつ携えて、山道を声を出して読み

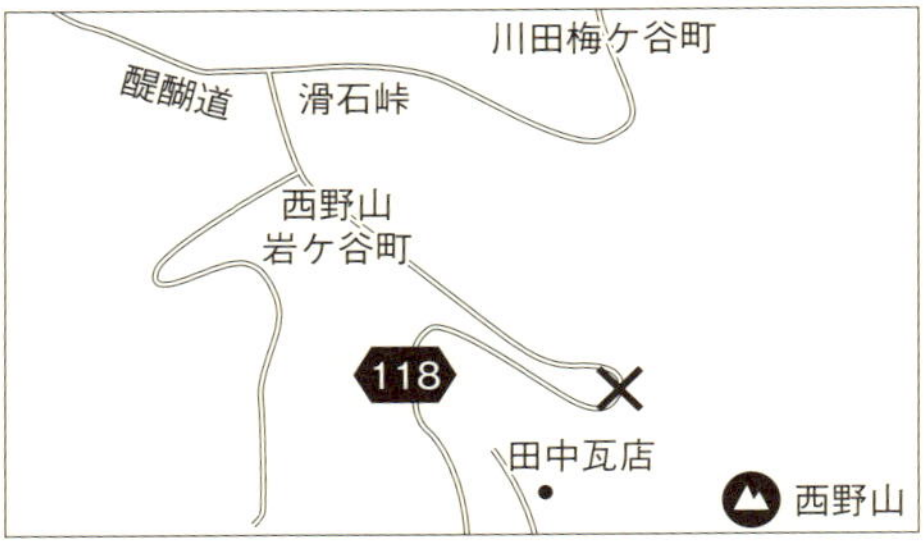

滑石峠近辺、滑石街道のピンカーブ（×）の地点。その当時は竹林はなく、山科盆地が眼下に見えて景勝の地だった。

ながら予備校に通った。この教科書は実に名作中の名作であって、私は半年間この「世界史」を音読して、丸暗記してしまった。

こうして受験勉強に打ち込んでいた秋、一〇月のある日、私は関西文理学院での授業を終えて、バスを東山七条で降り、いつもの通り、吉岡力を音読しながら滑石峠を越えた。天気は快晴であった。滑石峠には今は立派なテニスクラブがあるが、その当時はなにもなかった。また、滑石峠までの東山側（西側）は両側が狭く展望の利かない切通しのような山道であったが、滑石峠で周囲は開け、はじめて展望のきく爽快な山道となった。滑石峠を少し下ったピンカーブのあたりは、今は谷側に竹藪が生い茂っていて展望がきかないが、当時は竹藪はなくて山科盆地が眼下に一望できた。

私の健康状態は上々で、規則正しく行っていた受験勉強も順調で、これ以上に快適な気分にはなれないな、と考えていた。だから、通常は滑石峠からの下り道をピンカーブの部分を省略して近道で下るのを、その日はピンカーブの緩い道を快活に歩いた。私が地図上のX地点まできたとき、突然に、予期せぬ状態で、私の心の状態が変わった。突然私の心が喜びの気持ちで満たされた。ゆるゆるとそうなったのではなく、突然に喜びの感情ではち切れた。私はいままでモルヒネという薬の服用経験はないが、まるで頭のなかのどこかからモルヒネが射出されたような「天国へきたような」明るい喜びが私の体中を駆け回った。私は振り返って、東山の斜面を眺めた。杉の木の葉っぱの一枚一枚がまるでゴッホの絵のようにキラキラと揺れた。私は自分で「これが生命なのだ」、私の見ているのは「生命」なのだ、と理解した。生命が私の心眼に見えた。私の周囲のすべてが生命の輝きをもって揺れた。

この状態が約三分続いた。私の心はこれ以上のない喜びで満たされた。私は実証的に「生命」そのものを見た。いままでの人生でこれほどの喜びを感じたことはなかった。「生命」に対する確信が私の心にしっかりと根付いた。

私はこの経験を誰かに話したい、と思った。だが、あまりにも喜ばしい内的体験だったので、宿の伯母さんに話しても理解してもらえないだろう、と考え、他人には話さないことにした。

この経験は約三分後にはゆるゆると消えていったが、喜びの余韻は十五分ほども続いた。この経験はその後しばらくは、念力をかけると、再現したが、喜悦の程度はゆるゆると小さくなっていった。

こういう類まれな経験を味わってから、翌年昭和三四年三月、私はめでたく京都大学の試験に合格した。工業化学科では一番の成績であった。まったくの無学から出発した私の父は、そのころには金持ちになっていたのだが、それまで感じていた積年のインフェリオリティーコンプレックスを息子の京都大学合格で吹き飛ばすことができて、とても喜んだのである。

私はこの経験を味わったのち、振り返って、これが西田幾多郎の説く「善」であり、カントの説く「純粋理性」であることを即座に理解した。ナチス論者に差をつけるようでいささか申し訳ないが、この経験をもたない人が、「善」とか「純粋理性」という概念を「書いたもの（本）」で読んで頭で理解するのは難しいだろう、と考えた。白隠禅師が述べるように「直に自性を証すれば」の関門は、自分でこの神秘経験を体験する以外にあり得ないのである。

四　「死」との対話

私が坐禅に打ち込み、心身の鍛錬を行った結果、私の守るべき信条は先に述べた白隠禅師坐禅和讃に一本化していた。そこで滑石峠での喜ばしい経験も「自性を解した」結果だと理解して、だれにも話さず、心に秘めておくことにした。

当面の大学入学試験を終えて一服したあとも、私の信条を変更する機会はあらわれなかった。すなわち、白隠禅師坐禅和讃に服従し続けていたのである。

ところが学期が始まってしばらくして、私の身体から突然活力が抜けていった。

その当時の京都大学での講義は、第一年度は吉田ではなく宇治分校で行われ

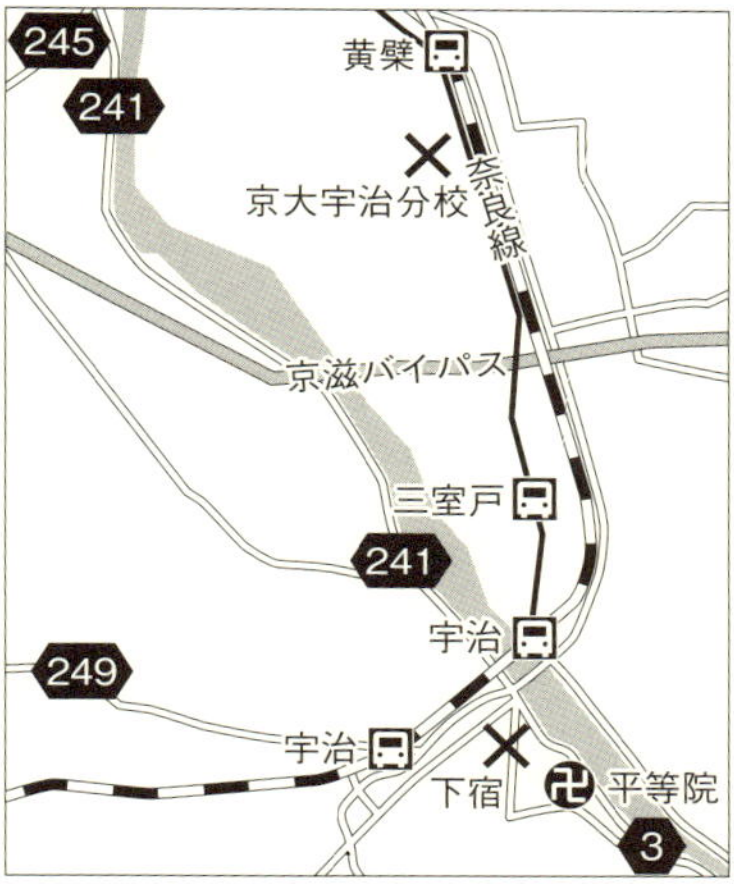

下宿と京大宇治分校の位置関係

ていた。私は宇治の街の縣神社大鳥居を入ってすぐ右側にあった米屋の奥の離れに住んで、朝は宇治橋を渡り、京阪宇治線に乗って黄檗で下車していた。

五月の末頃、わたしの身体から突然活力が消え去り、私は学業にまったく関心がなくなった。授業にでても上の空の状態になった。学校に興味がなくなって、近所の観光に熱を入れたということではなく、まったくなにをする気力もなくなった。

四月に入部したヨット部で五月の琵

琵琶湖で三井颪（三井寺の方角から吹く比叡山山頂から吹きおろしの強い風）によりチン（ヨットが転覆すること）して、大量の水を飲み、身体から力が失われ、水中で沈んでいるところを助けられたことがあった。私はこの事件をきっかけにヨット部を退部したのだが、そのとき感じた「死」はピンク色の靄がやわらかに私を包み込むもので、私にとっては暖かい抱擁力のあるものだった。

そういうことでヨット部もやめ、かといって、近所に沢山ある観光名所（たとえば宇治の平等院）を訪ねるわけでもなく、下宿に閉じこもった学生になってしまった。

不思議なことに、どういうわけか私の心にするりと滑り込んだ「死」が、それからの私の唯一の友達になった。学校へも行かず、近所の食堂に行って食事をする以外は米屋の離れの部屋に閉じこもって、「死」とお話ししたのだ。正直言って死にたくってたまらなかった。

どうすれば死ねるのだろうか、死の世界はどうなっているのか？　生から死

バンテアイ クディ、カンボジャ、朽ちかけた遺跡、2013/01/30 撮影。

への転換点はどういう構造になっているのだろうか？　死は罪悪なのか？　なぜに死は存在するのか？　死は誘惑であり、蠱惑的に私に微笑みかけてくれていた。

だから私は薬局へ行って、強力な睡眠薬を購入した。ロシュ（Roche）製の「バラミン（Valamin）」という白い錠剤だった。これを一瓶十錠飲めば確実に死ねるという評判の薬で、実際に三錠飲んだら、三日三晩眠りこけた。それでもやはり「死」との直面は怖かった。生きたい気持ちと死にたい気持ちの挟み撃ちになって、毎朝目を覚ますと布団のなかで呟いた。「ああ、まだ生きている。この状態がいつまで続けば決着がつくのだろう」。

こういう日が毎日続いた。今思い返してみると、私のその当時の記憶はすっぽりと空白になっており、毎日の詳細はさっぱりと記憶から消去されている。七月八月は夏休みで金沢に帰っていたはずだけれども、私の記憶には残っていない。半分瘋癲青年のような有様であったのだろう。

こういう思い出話を恥ずかし気もなく書けるのは、後に読んだウイリアム・ジェイムズの伝記のなかに彼の青年時代の精神的抑鬱状態に関する次の記述があって、私の経験はこれに勝らず劣らずであったことが確認できたからだ。(参照http://www.lcv.ne.jp/~kohnoshg/site46/religeous8.html)

一八六六、ジェイムズの家族がケンブリッジに移る(20 Quincy Street)。彼は医学校に通い始めたが、種々の疾患の組み合わせに悩まされた。背中の痛み、視度不良、消化不良、自殺志向など、それらのいくつかあるいは大部分は、かれの将来に対する非決断により悪化したものであった。救済を求めて、彼はフランスとドイツへ行き、二年間のあいだ、入浴したり、Helmholtzとかその他の有名な生理学者の下で勉強したりして、結局新しい生理学に完全に精通することとなった。

彼と私との間に違いがもしあったとすれば、アメリカの金持ちはヨーロッパに逃避旅行をする金銭的余裕があったということで、私には、宇治市と故郷の金沢市しかなかったことくらいである。

一人の羅漢（Arhat）、釉薬をかけた炻器（せっき）、中国、河北省易縣、大英博物館、2012/05/16撮影。
遼朝　（AD 907－1125）

館内説明文翻訳：

羅漢は、涅槃の境地に達した仏教徒の聖人あるいは賢人である。涅槃とは、この世界において苦しみと再生の行き着くところ、である。この彫刻は、北京の南、易縣西方にある洞窟群出自の一組の八羅漢のうちの一体である。一個人として独立しているが、この人物は実際のポートレイトではなくて、すべての人類が熱望するであろう精神的な理想を表している。この易縣の人形造形は驚くほど厳粛な威厳と力があり、羅漢を明瞭な人間の顔で表現するという唐時代に始まった伝統を伝えている。

私は理性を失った状態で苦しみ続けた。自分に対する「死」の意味合いが確定できなかった。かといって実行に移す度胸にも欠けた。卑怯な侏儒であった。天は暗く雲が低く垂れこめていた。それは私の心を押しつぶさんとばかり圧力をかけてきた。私には逃げる場所、隠れる場所がまったく見つからなかった。私には父親との契約があり、それは大学での勉学を成就することであった。だが、中間試験の九月末が近づいているというのに、私には勉強する気力がまったく失せていた。試験を受けても白紙答案を出すのが目に見えていた。このまま進めば確実に破滅だが、それはこれまでの私の義務達成姿勢とは一八〇度逆の境地であった。もうすでにこの地点で私は奈落の底に落ちているのだ。奈落に落ちつつあるのだ。これもわたしには今まで経験のない現実破綻感覚であった。逃げられない、みじめな感覚が私を包んでいた。

私は試験日スケジュールを見るために宇治分校へいったが、このときの私の感覚も行動も私の記憶にはまったくない。夢遊病者のように歩き回っていたの

曼殊沙華

http://studyenglish.at.webry.info/201209/article_29.html

だろう。私は下宿に帰るために、電車には乗らず、歩いて帰ることにした。田んぼには曼殊沙華が赤く咲いていた。私はなんのために曼殊沙華が咲いているのだろう、としげしげと花を眺めた。そのときだった。突然身体が冷えてきた。苦しみで押しつぶされたかのように曼殊沙華の花の色が変わってきた。あれよあれよ、という間に曼殊沙華は赤色ではなくなり、あたり一帯が補色の色合いに転じた。私はその意味がわからないままに、その変化をじっと眺めた。苦痛と絶望が私を囲繞したが、補色の曼殊沙華は動かなかった。

しばらくしてこの現象は消え去ったが、私の心には強い印象が残った。この陰画が出現したときに、これ以上は進めない、ここが終点という印象が私に告示された。

私は早速に下宿に帰り、荷物をまとめて金沢に帰った。家の者には「今年は学校の試験は受けない」と宣言した。兄の一人は「試験答案などというものは適当に書いておけば、通るものだよ」といったのだが、私の潔癖性はそれを拒否した。

私はそれから金沢の自宅でぶらぶらしていた。ぶらぶらしながら、ここ二年間の間に起きたことを振り返り、これらの事象がすべて辻褄が合うような回答を求めた。

いはんや自ら回向して　　直に自性を証すれば
自性即ち無性にて　　すでに戯論（げろん）を離れたり
因果一如の門ひらけ　　無二無三の道直し
無相の相を相として　　行くも帰るも余所ならず

右の「白隠禅師坐禅和讃」の一節との整合性を考え続けたのである。答えは簡単には出てこなかった。

それから五か月考え続けて、翌年、昭和三五年二月、家の居間を徘徊していたときに、突然答えが出た。「アハハハ」と突然私が笑い出したので、皆が恐怖の表情を見せた。だが、私はこの瞬間、正解を手にしていた。この時の私の年齢は二〇歳であって、正受老人が飯山城で見性（けんしょう）したという十五歳という若さには及ばなかったが、すべてが満足のいく、辻褄の合う回答を入手していた。

私の十二歳のときからの坐禅人生はこの時点で終結した。

私は解決すべき問題がなくなったので、その後、素晴らしいスピードで万巻の書を精読した。そして、ほどなくして、聖徳太子の『勝鬘経義疏（しょうまんぎょうぎしょ）』が説く「世俗諦（せぞくたい）」と「勝義諦（しょうぎたい）」

ラホール博物館、Attack of Mara's Army（部分）、2007/09/15撮影。

を理解した。私の昭和三三年一〇月の滑石峠での経験が世俗諦であり、昭和三四年九月の曼殊沙華が勝義諦であった。前者は生命であり、後者は死であった。世俗諦と勝義諦は評価（ヴェクトル）が正反対であるから、これら二つを自分のものとして同時に認めるときには、評価基準は消えるのである。すなわち「無」。あるいは「空」。（『勝鬘経義疏』のコア「空智」（http://www.lcv.ne.jp/~kohnoshg/site45/shouman3.htm）を参照されよ）

五　正覚のとき

菩薩像、木製、漆、金、銅ならびに水晶、鎌倉時代（13世紀初期）、快慶（1185－1220頃）作、フリーア博物館、ワシントン、2011/10/27撮影。

博物館館内説明：
　この彫刻の空洞のなかの署名跡が最近研究され、確証されたところによれば、これは快慶（一一八〇－一二二〇年頃）の作品である。この棟梁彫刻士の革新性は鎌倉時代（一一八五－一三三三）の彫刻様式の開花時期の中央に位置している。この様式の特異性は現実的でしかも感覚的な造形である。ガラス或いは水晶岩石による嵌め込みが新しく使用され、それ以降、目の現実性を強調するための一般的な方法となった。
一二世紀の衰えていく時代、日本は市民戦争によって激震を受けた。市民戦争は本質的に宮廷を退け、将軍達によって支配される一連の軍事政府の長い抗争の最初となった。多くの仏教寺院と修道院が荒らされて人命、建築物、ならびにそこに保存されていた宗教芸術が失われた。政治的な安定性が回復したとき、快慶のような職人たちは新しい彫刻を制作するために多くの注文を受けることとなった。

飾られている作品が超一流品であるだけに、この博物館館内説明はなんともお粗末で、品格がない。

紀元前五〇〇年頃、三五歳の釈迦は、ガヤー地区（英語版）のほとりを流れるリラジャン川（英語版）で沐浴したあと、村娘のスジャータから乳糜の布施を受け、気力の回復を図って、インドボダイジュの木の下で、「今、悟りを得られなければ生きてこの座をたたない」という固い決意で瞑想した。すると、釈迦の心を乱そうとマーラが現れ、この妨害が丸一日続いたが、釈迦はついにこれを退け［降魔（ごうま）］、悟りを開いた［正覚（しょうがく）］。（引用https://ja.wikipedia.org/wiki/ブッダガヤ）ゴータマ・ブッダが成道（じょうどう）したときに座っていたのが金剛宝座であり、座っておられた姿が上の菩薩像にみられる結跏趺坐（けっかふざ）である。

仏教徒はこの菩薩像を見せられただけで、仏陀のブッダガヤの正覚のときを厳粛に思い起こすのである。その後、菩薩像も半跏趺坐（はんかふざ）像（例えば白馬寺の菩薩坐像）と結跏趺坐像の二つに分かれたが、基本は坐って瞑想することにある。坐って瞑想するのは仏教の基本なのである。この精神に触れないのは、「形作って魂入れず」の典型である。

神秘体験

はじめに

誰が書いたのか知らないが、Wikipediaの「神秘体験」（https://ja.wikipedia.org/wiki/神秘体験）という項目の内容はまったく的外れである。

この記述者は「神秘体験」をみずから経験しないまま、仮想の記事を書いてしまったことがすぐに分かる。

神秘体験は普通の人がそれをなかなか体験できないだけに、神秘体験を経験しない人が「神秘体験」を書くと、内容が的外れの文章になってしまう。

こういう問題が内包されていて、このWikipedia記事は信頼性に乏しい。

現在は英国や米国から招来された民主主義で日本の国は運営されている。民主主義という哲学では、神秘体験も神秘体験にもとづく哲学も「ほとんど無価値評価」となっているので、こういう記事を書くこと自体が「いかがわしい」ことなのだ。

ただ、従来の宗教・哲学との接合方法を理解できないといけないので、「民主主義下での神秘体験記述」はこうあるべきだと考えられるものを、以下のとおりに記述することにした。

一　概論

二　神秘体験Aと神秘体験B

一　概論

神秘体験というのは、人間が経験することの出来る体験である。経験した内容が神秘的であるから「神秘体験」と呼ばれている。ただし「神秘的と思える体験」、たとえばオーロラ現象とか雲海から頭を出した「天空の城」は「神秘体験」に含まれない。それは同一の場所に行けば誰もが体験することができるものであるからだ。

神秘体験とは、人間が精神力を内面に集中するときに、予期せずに突発的に発現する経験で、それは時間的には短時間持続し（通常五〜十分程度）、特殊なイメージの形で認識される。

そのイメージは精神の本質（人間の本質）を体現するものと理解されるから、経験者の心に強い印銘を刻み込み、経験者はそれを一生忘れることができず、その後、本人のすべての思考の出発点となる。

その体験は、初体験ののち、しばらくは（数か月は）意図的に繰り返すことができる。

人間の歴史、宗教、哲学を考察すれば、この神秘体験には二つのタイプがあるという結論に逢着する。逆に二つの神秘体験の存在を想定することにより、人間の思想を余すことなく包括的に考察することができる。これを越える第三の神秘体験というものは存在しない。

神秘体験に到達する人の数はかぎられている。ジョン・ロックによれば、それは「千人に一人」の割合である。（『人間知性論㈠』[1]）
ジョン・ロックの時代（十七世紀）は電気のない時代であった。一八七九年エジソンが白熱電灯を発明するまでは、人間は暗い夜を過ごしていた。人間は夜になれば必然的に内省の時間をもつこととなり、自らの心の奥底と対話して

菩薩立像、石灰岩、東魏ー北斉（西元6世紀中）、中国北部、ギメ美術館、パリ、2014/05/15撮影。

暮らしていたのである。日本でいえば、（禅僧の）禅定の時間が長かったのである。だから、神秘体験に遭遇する確率が高かった。「千人に一人」の割合だったのである。

現代では文明が発達して電気が我々の時間を支えている。真夜中でも電灯は点く。テレビは見られる。このような時代には昔の人達が経験していた内省の時間はきわめて限定され、したがって神秘体験の享受者の数は激減してしまった。おそらく百万人に一人くらいの確率になっているだろう。百万人に一人しか経験することのできない「神秘体験」に根拠を置く哲学など「捨ててしまえ」というのが、プラグマティックなアメリカの思想だ。

だが、過去の歴史も踏まえておかなければ、人間の思想の一貫性は保てないから、一応ここらでまとめておこうか、というのが本稿の狙いである。

二　神秘体験Aと神秘体験B

前節において神秘体験には二つのタイプがあると述べた。ここではその一方を神秘体験A、もう一方を神秘体験Bとし、それぞれについて説明する。

神秘体験Aは

・本人が健康な状態のときに発現する。

・本人が予期していない状態でそれは「突然に」始まる。

・光が満ちあふれ、周囲の生命体（例えば樹木）の中にある生命が発現し本人はその衝撃に打ち震える。

生命の直接的把握であると考えられ、自己の存在にたいする確信が生じる。イメージの典型的な例は、ゴッホ「ひまわり」一八八七、MOMA, New York https://www.vangogh.net/still-life-with-two-sunflowers.jspである。

神秘体験Bは

・本人が精神的肉体的に過度に疲労した状態のときに発現する。
・好むと好まざるとにかかわらず、「死を希求する」ことが持続的な精神状況となる。
・救いのない絶望的な心的状態を維持しつづけたとき、それは突然に始まる。

・暗黒のなかで打ち震え、すべての期待は破壊される。

死の直接的な把握であると考えられ、自己の非存在を確信する。イメージの典型的な例は、ゴッホ「カラスのいる麦畑」一八九〇、ゴッホ美術館、アムステルダムである。https://ja.wikipedia.org/wiki/カラスのいる麦畑

神秘体験Aと神秘体験Bの認識は互いに独立的である。同時的な発現は決して生じない。

神秘体験AとBの記述例は次のとおりまとめられる。出典については「参考文献」を参照のこと。

◆神秘体験A

プラトン『パイドロス』(2)　魂は天球の外側に進み出て、天の世界を観照す

る。

龍樹『中論』(3)　世俗諦/勝義諦/ニルヴァーナ

http://www.lcv.ne.jp/~kohnoshg/site1/plato2.htm

http://www.lcv.ne.jp/~kohnoshg/site44/kuu4.htm

アウグスティヌス『告白』(4)　普通の光よりはるかに強く輝いて。

http://www.lcv.ne.jp/~kohnoshg/site2/augst4.htm

白隠『遠羅天釜』(5)　氷盤をたたき砕くよう、玉楼をおし倒すよう

http://www.lcv.ne.jp/~kohnoshg/site1/hakuin7.htm

テレサ『イエズスの聖テレジアの自叙伝』(6)　神の現存の内的感じ。恍惚は、翼の上に自分を運び去る。

http://www.lcv.ne.jp/~kohnoshg/site1/teresa13.htm

カント『純粋理性批判』(7)　統一された統覚。

http://www.lcv.ne.jp/~kohnoshg/site9/kant1.htm

スイス人『宗教的経験の諸相』(8)　わたし自身を越えたかなたに持ち上げられる。

http://www.lcv.ne.jp/~kohnoshg/site391/kouzan11.html#スイス

トレヴォーア『宗教的経験の諸相』(9)　突然、なんの前触れもなしに、私は自分が天国にいるのを感じた。

http://www.lcv.ne.jp/~kohnoshg/site391/kouzan11.html#トレヴォーア

バック博士『宗教的経験の諸相』(10)　狂喜の感じ、無限の歓びの感じが私を襲い

http://www.lcv.ne.jp/~kohnoshg/site391/kouzan11.html#バック

平塚らいてう『煤煙』(11)　四辺（あたり）がきらきらと海の底のやうに輝く。

http://www.lcv.ne.jp/~kohnoshg/site34/raiteu3.htm

林武『美に生きる』(12)　ひたひのあたりがぱっと光り輝いた。畏怖を誘ふ実

在の威厳。

http://www.lcv.ne.jp/~kohnoshg/site1/hayashi1.htm

上村松篁『私の履歴書』[13]　サラサラ流れる水の音。

http://www.lcv.ne.jp/~kohnoshg/site1/uemura1.htm

西田幾多郎『善の研究』[14]　天地ただ嚠喨たる一楽声のみなるが如く。

http://www.lcv.ne.jp/~kohnoshg/site41/kitaro4.htm

玉城康四郎『仏道に学ぶ』[15]　何の前触れもなく突然、大爆発。

http://www.lcv.ne.jp/~kohnoshg/site1/tamaki2.htm

谷口雅春『生命の實相』[16]　大生命のみ空から光線のやうに降り濺ぐ生命の讃歌。

http://www.lcv.ne.jp/~kohnoshg/site1/tanig2.htm

◆神秘体験B

龍樹『中論』(3)　勝義諦

http://www.lcv.ne.jp/~kohnoshg/site44/kuu4.htm

ムハンマド『コーラン』(17)　太陽が（暗黒で）ぐるぐる巻きにされる。

http://www.lcv.ne.jp/~kohnoshg/site39/muham4.htm

白隠『夜船閑話』(18)　心神は疲労困憊（こんぱい）し、寝ても醒めても種々の幻覚がみえ

http://www.lcv.ne.jp/~kohnoshg/site6/hakuin15.htm

ルター『ルターと宗教改革』(19)　神は獅子のごとく、私のすべての骨をうち砕く。

http://www.lcv.ne.jp/~kohnoshg/site7/luther3.htm

テレサ『イエズスの聖テレジアの自叙伝』(20)　この時間の大部分にわたって、霊魂の諸能力は働きません。ここでは、一致や恍惚において、喜びがしたよう

に、苦しみが、能力を停止します。

http://www.lcv.ne.jp/~kohnoshg/site4/teresa22.htm

ゲーテ『若きウエルテルの悩み』(21)　永遠に口をひらいた墓の奈落。

http://www.lcv.ne.jp/~kohnoshg/site33/werther13.htm

ムンク『サン・クルーの日記』(22)　自然を貫通する叫び

http://www.lcv.ne.jp/~kohnoshg/site38/JunsuiB13.htm

フランスの憂鬱病者『宗教的経験の諸相』(23)　突然、私自身の存在に対する身の毛もよだつような恐怖心。……ペルー人のミイラ……

http://www.lcv.ne.jp/~kohnoshg/site46/religeous5.html

藤村操『巌頭の感』(24)　大なる悲観は大なる楽観に一致する。

http://www.lcv.ne.jp/~kohnoshg/site37/hujimu1.htm

芥川龍之介『或阿呆の一生』(25)　架空線は不相変（あひかはらず）鋭い火花を放ってた。

http://www.lcv.ne.jp/~kohnoshg/site35/akuta3.htm

林武『美と教養』[26]　壁から、馬の嘶くやうな聲が聞えてくるんだ。

http://www.lcv.ne.jp/~kohnoshg/site3/hayashi4.htm

玉城康四郎『ダンマの顕現』[27]　突然、無間（むけん）地獄に堕ちていた。

http://www.lcv.ne.jp/~kohnoshg/site3/tamaki10.htm

三　エネルギー構造と量子力学的モデル

前節二で挙げた神秘体験Aの実例を分析した結果、筆者は神秘体験Aに次のパターンが認められるとした。

一　内的なエネルギーの蓄積。
二　突然、心が跳躍する。
三　超常的な状態に暫時滞留する。そこは光に満ち溢れている。
四　その後、通常の状態にもどる。このとき喜悦の感情が生れる。
五　従前の精神状態にもどる。

そして、これを量子力学の「量子飛躍」の状態に酷似している、と評定した。

原子核を取り巻く電子のエネルギー準位には基底状態と励起状態が存在している。現象世界のエネルギー準位はエネルギー量に比例して増大するものであるが、原子の場合はそうはならない。電子のエネルギーが増大し、励起状態のエネルギー準位に到達したときにはじめて基底状態から励起状態に飛び上がる。これを量子飛躍と称する。基底状態のときと励起状態のときの電子雲が共鳴形状を変えることが原因であると考えられている。量子飛躍した電子は短時間の滞留ののち基底状態に戻るが、その際、エネルギー差は光として放出される。蛍光灯やＬＥＤは、この量子飛躍の現象を利用している。

人間の心にもこのような量子力学的挙動が認められ、これが神秘体験の本質だ、と説明する。

図は原子の量子飛躍の説明図である。原子の場合には、与えられたエネルギーに応じて第一次励起状態を越える第二次、第三次励起状態が存在するが、人間の精神については第一次を越える励起状態（二次、三次）は認められない。

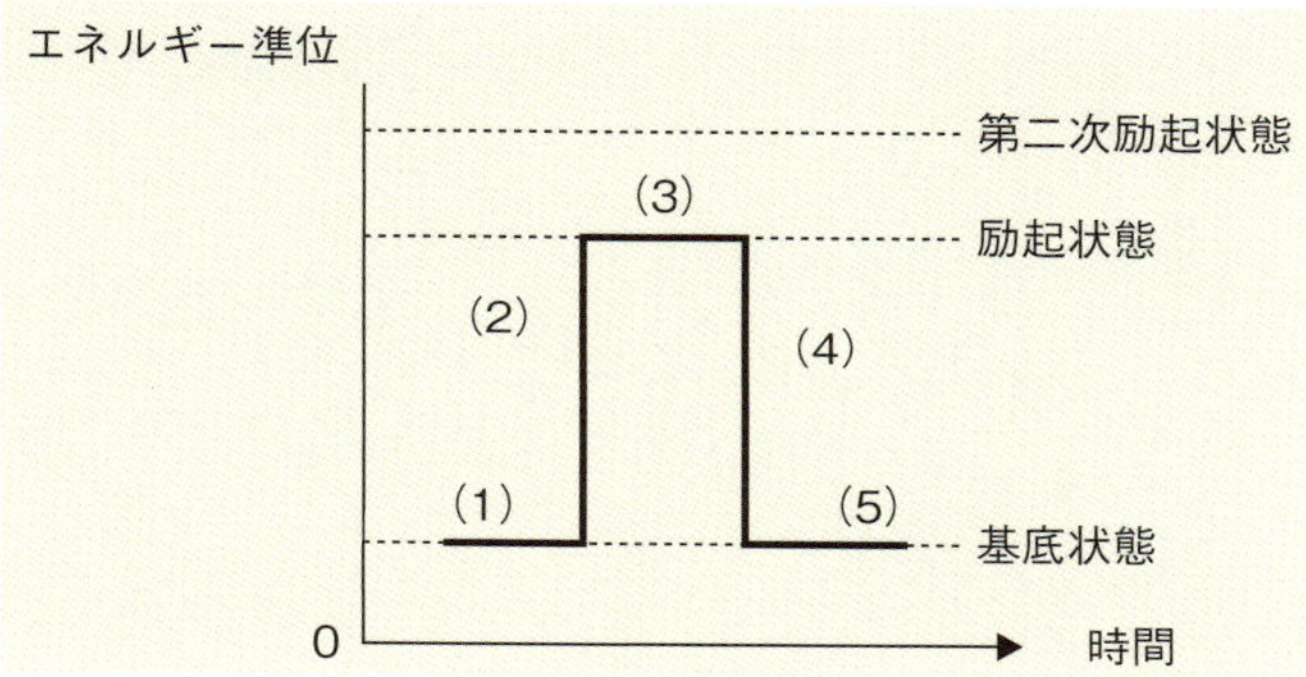

原子の量子飛躍

さらに、現実問題として、「人間の心は揺れ動く」ことから、心の状態を次のグラフに譬えた。心の場合にはマイナス値が存在することに注目されたい。

量子力学とはことなり、人間の心の場合には、（＋）、（－）両方向で量子飛躍が存在すると筆者は考える。神秘体験Aとは（＋）領域での励起準位に飛躍した状態であり、神秘体験Bとは（－）領域での励起準位に飛躍した状態であると説明する。（＋）の場合であっても（－）の場合であっても、励起状態では人間は思考能力を失い、短時間ではあるが、あたかもイメージを見つめさせられる状態となるのが特徴であ

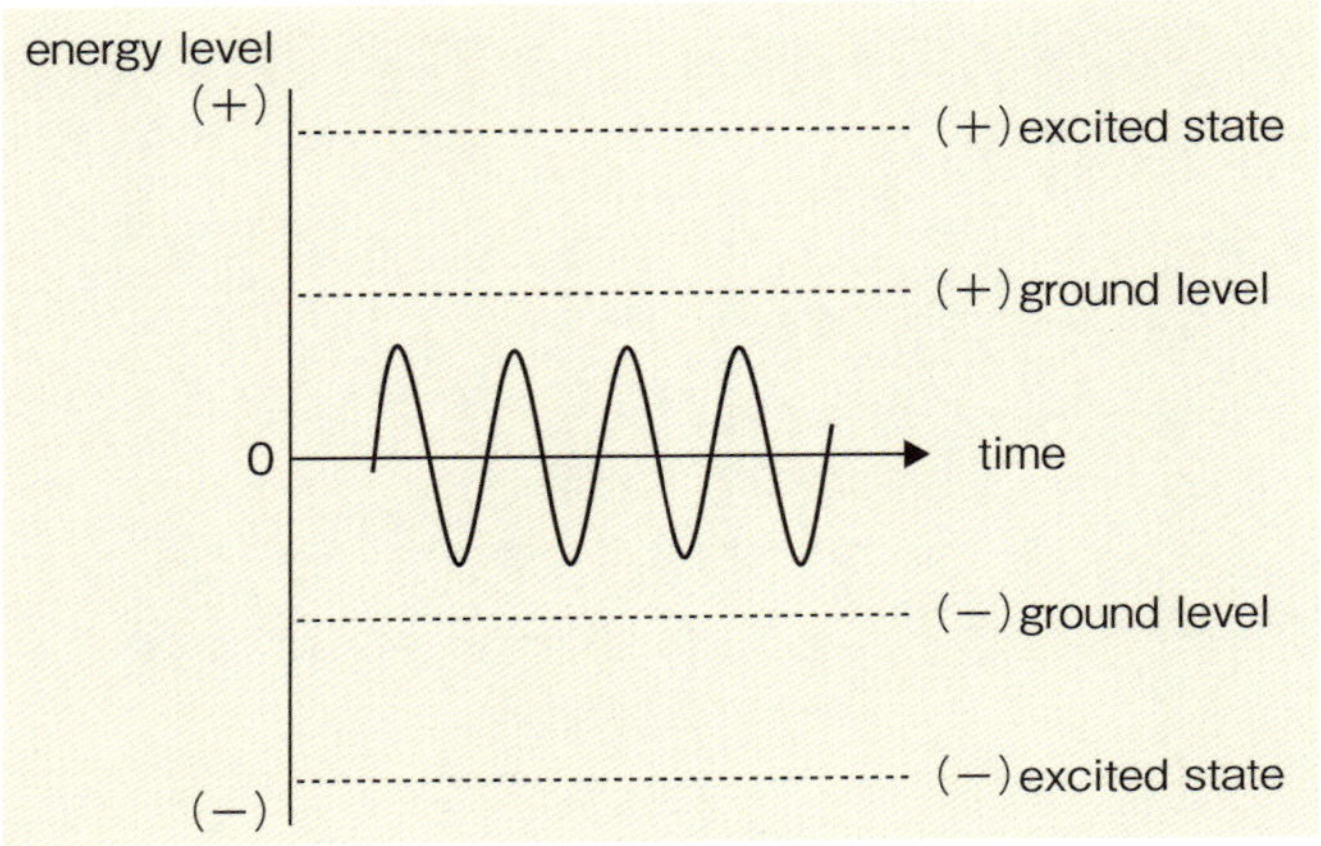

心のエネルギー単位

る。

神秘体験AおよびBは、その内一つだけを経験する人もいるし、二つとも経験する人もいる。二つをともに経験する場合は、その履歴順序を問題としなければならない。AのあとにBを経験するのか、あるいはBを経験したあとでAを経験するかの差である。これらの区別と順序により当人の性格にあたえられた影響のカテゴライゼーションhttp://www.lcv.ne.jp/~kohnoshg/site8/quantm18.htmが必要となってくる。

四　神秘体験Ａと神秘体験Ｂに基づく宗教と哲学

人間の宗教と哲学は人間が到達した神秘体験によって作り上げられたものである。従ってすべての宗教と哲学はその創始者が享受した神秘体験の種類、ＡとＢ、によって区別することができる。

神秘体験Ａ

ギリシャ哲学－プラトン

カトリック－アウグスティヌス

イスラム教－シーア派

カントなど形而上学

神秘体験Ｂ
ユダヤ教
イスラム教―スンニ派
キリスト新教―ルター、カルヴァン

神秘体験Ａ＆Ｂ両方
ギリシャ哲学―ヘラクレイトス（対立二者の結合、万物流転）
仏教―仏陀、文殊、龍樹、聖徳太子
カトリック―アヴィラのテレサ
民主主義―ジョン・ロック

五　神秘体験に対して与えられる現代的評価

中東において遙か昔から、ユダヤ教が存在し、その体験的宗教経験は神秘体験Bであった。つまり、暗い闇のなかで人間を桎梏する絶対神の存在であった。プラトンはギリシャにあって、神秘体験Aに基づく明るい哲学を創始した。彼は神秘体験Bを否定し、神秘体験Aを「ロゴス」と命名し、これを絶対的で唯一の存在であると考えた。

この対立を抜け出す論理の作成に成功したのが、キリストである。彼は「空」に辿り着くまえに砂漠を放浪し、悪魔の桎梏に耐えて、真理に到達した。だが、その後継者達は、プラトン哲学に影響されて、ロゴスがキリスト、即ち聖霊、であると考え、三位一体のカトリックを成立させた。

ムハンマドは西暦六一〇年マッカ郊外のヒラー山の洞窟で瞑想ののち大天使

ガブリエルの手引きでアッラーの啓示（神秘体験Ｂ）を受けた。これがイスラムのスンニ派である。

アレキサンドロス大王はプラトン哲学をペルシャに持ち込み、ペルシャのイスラム教は神秘体験Ａを核とするシーア派宗教に変質した。

中世にあって、スペインのアヴィラに生まれたアヴィラのテレサは「霊魂の苦しみ」（神秘体験Ｂ）を「喜悦と恍惚」（神秘体験Ａ）と対立させ、悶絶し、これらの心的体験からして、二体験の並立がキリスト精神であると断定した。だが、この哲学的認識は現在ではカトリックのなかで限定的な位置しか占めていない。

十六世紀にドイツに現われたマルティン・ルターは、暗闇での悪魔による桎梏（神秘体験Ｂ）こそ「キリスト精神」であり、カトリックは誤謬を犯していると非難し、カルヴァンが同趣旨で追従した。この結果、フランスでは一五六二年ユグノー戦争が始まる。ドイツでは、一六一八年、世界歴史のなかで最大

Miseries and Misfortunes War, engraved by Callot, published 1878

規模の人的災害（宗教戦争）が発生し、三〇年間続いた。

この虐殺沙汰を間近に観察したジョン・ロックは、神秘体験Ａも神秘体験Ｂも正しいと断定を下し、『人間知性論』を書いた。この断定の結果、

・神秘体験Ａも神秘体験Ｂも正しい。
・但し、「神秘体験」なるものはその経験者の数がかぎられていて、名目的真理しか構成しない。
・大多数の人達は「神秘体験」を経験しておらず、経験した人の話を聞いて鵜呑みに

し、「盲目的軽信」に陥っている。
・宗教戦争はこのような「盲目的軽信」が引き起こした人災だ。
・だから神秘体験Aと神秘体験Bとをそれぞれ否定しないまでも、しかも「盲目的軽信」を避けるために必要な決断は、「絶対基準を捨てて相対基準に変える」ことだ。
・新しい評価基準とは、「いかにしたらより良き幸福が入手できるかを考えること」だ。つまり「和を尊べ」ということだ。

とした。ジョン・ロックのこの明察により、神秘体験Aも神秘体験Bも、その評価価値が大幅に減殺され、そして、新しい価値基準（民主主義）が私たちの生活を支えることとなった。この民主主義下では、神秘経験A、神秘体験Bのいずれか一方を絶対的真理とする考え方を「カルト」とカテゴライズし、「カルト」に陥ることをきびしく戒めている。つまり、民主主義は、もはや神秘体

桜の法隆寺、2015/04/06撮影。

験に価値基準を担保する能力を認めていない。

なお、仏教においては、釈迦、文殊、龍樹が、

・神秘体験Ａ　「世俗諦」
・神秘体験Ｂ　「勝義諦」

という二つの体験的認識を樹立し、この二つの相対立する認識を滅却して「空」の概念を樹立した。

日本においては、聖徳太子が「空」の哲学空間での価値の規準を

「和」に求めるべきだと主張し、十七条の憲法を制定された。これが日本の伝統的、正統的な考え方であり、この考え方は西洋で開発された民主主義と完全に調和しており、矛盾は生じていない。

◆参考文献

(1)『人間知性論㈠』ジョン・ロック著、大槻晴彦訳、岩波文庫、一九七二年、一一六頁。
(2)『藤沢令夫著作集Ⅳ　パイドロス』藤沢令夫、岩波書店、二〇〇一年、一八〇頁
(3)『龍樹・親鸞ノート』三枝充悳、宝蔵館、一九九七年、三六頁。
(4)『アウグスティヌス著作集第五巻一　告白録（上）』アウグスティヌス著、宮谷宣史訳　教文館　一九九三年、三四九頁。
(5)『日本の禅語録　第十九巻　白隠』鎌田茂雄、講談社、一九七七年、二五二頁。
(6)『イエズスの聖テレジアの自叙伝』女子跣足カルメル会訳、中央出版社、一九七八年、二〇四頁、二二二頁。
(7)『純粋理性批判（上）』イマヌエル・カント著、石川文康訳、筑摩書房、二〇

一四年、一八八頁。

(8)『宗教的経験の諸相　上』W・ジェイムズ著、桝田啓三郎訳、岩波文庫、一九七〇年、一〇五頁。

(9)『宗教的経験の諸相　下』W・ジェイムズ著、桝田啓三郎訳、岩波文庫、一九七〇年、二一〇頁。

(10)『宗教的経験の諸相　下』W・ジェイムズ著、桝田啓三郎訳、岩波文庫、一九七〇年、二一四頁。

(11)『煤煙』森田草平、現代日本小説体系十七、河出書房、一九五一年、二〇八頁。

(12)『美に生きる』林武、講談社、一九六五年、三二頁。

(13)『春花秋鳥』上村松篁、日本経済新聞社、一九八六年、一三六頁。

(14)『善の研究』西田幾多郎、岩波書店、一九九一年、八一頁。

(15)『ダンマの顕現　仏道に学ぶ』玉城康四郎、大蔵出版、一九九五年、一八頁。

⒃『生命の實相第二〇巻』谷口雅春、日本教文社、一九六三年、一三七頁。

⒄『コーラン』（下）井筒俊彦訳、岩波書店、二〇〇四年、二六三頁。

⒅『日本の禅語録　第十九巻　白隠』鎌田茂雄、講談社、一九七七年、七五頁。

⒆『ルターと宗教改革』成瀬治、誠文堂新光社、一九八〇年、七八頁、八一頁。

⒇『イエズスの聖テレジアの自叙伝』女子跣足カルメル会訳、中央出版社、一九七八年、二二八頁。
(21)『若きウェルテルの悩み』ゲーテ著、高橋義孝訳、新潮社、一九九一年、七四頁。
(22)『エドヴァルド・ムンク』Ｊ・Ｐ・ホーディン著、湊典子訳、ＰＡＲＣＯ出版局、一九八六年、五〇頁。
(23)『宗教的経験の諸相　上』桝田啓三郎訳、岩波文庫、一九七〇年、二四三頁。
(24)『報知新聞　明治三六年五月二七日』報知新聞社、一九〇三年。
(25)『或阿呆の一生』芥川龍之介、岩波書店、一九四二年、四〇二頁。

(26)『美と教養・心の対話』林武、吉田富三著、日本ソノサービスセンター、一九六八年、一五一頁。
(27)『ダンマの顕現　仏道に学ぶ』玉城康四郎、大蔵出版、一九九五年、八六頁。

なお、河原道三の書籍は次。

『純粋経験B』河原道三、リバーフィールド、一九九四年。

『人間の心に生じる特異点』河原道三、リバーフィールド、二〇〇〇年。

『「日本の哲学」と「いくつかのBの例」』河原道三、リバーフィールド、二〇〇九年。

『カイゼルシステム』河原道三、リバーフィールド、二〇一五年。

あとがき

私が目標としていた哲学の完成はこの本をもって終了したことになる。哲学というのは畢竟個人の経験が基礎になる。私の経験を越えられる人が出てくればまた話は別になるが、まあひとまずこれで哲学は終了だ。

私は今年で満七九歳になる。蓼科は冬があまりに寒いので、昨年一一月から別府に移った。ここは東京よりほんのちょっぴり暖かいし、温泉もある。ここに暮らしていると、退化した創作能力も復活し、寿命も五年ほど延ばせるのではないかと感じる。だから、別府ではバイクにも自転車にも乗らず、ひたすら歩くことにしている。歳相応に疲れるが、なに昔子供の頃、お使いで重い荷物を持っててくてく歩いたことを思い出せば、さほど苦にもならない。

昔はよく勉強した。大学では寝る間をのぞいてはひたすら本を読んだ。

会社では無茶苦茶金儲けをした。トップスピードで金儲けをした。ボロ儲けをしたといっても過言ではない。

その当時の思い出については哲学とは関係ないが、

京都の友達　https://kohnoshg.webnode.jp/雑記帳/京都の友達/

透明人間　https://kohnoshg.webnode.jp/雑記帳/透明人間/

砂漠の民　https://kohnoshg.webnode.jp/雑記帳/砂漠の民/

Flixborough　https://dousan-kawahara.jimdo.com/雑記帳－金沢/flixborough-1/

ロスチャイルド銀行　https://dousan-kawahara.jimdo.com/雑記帳－金沢/ロスチャイルド銀行1/

に記載してある。興味のある方は暇つぶしにでもお読みいただきたい。

また、退職してからもよく本を読んだ。文学の素養もないのに本も書いた。念願の哲学も完成した。

だからこれで私は私の仕事を終えるつもりだ。

昨日娘と電話をしたら、春休みに孫を連れて、別府に来てくれるそうだ。やれ有難い。とびきり上等の旅館でもてなそう。

二〇一九年一月一八日　別府にて

河原　道三（かわはら　どうさん）

1940.3.7　金沢市にて誕生

1966.3　京都大学大学院工業化学専攻修士課程修了

1966.4　商事会社に就職

1998.3　退社

その後著述に従事

インターネット版参考

坐禅　https://dousan-kawahara.jimdo.com/雑記帳－金沢/坐禅1/

神秘体験　https://kohnoshg.webnode.jp/神秘体験/

正覚のとき

二〇一九年七月二〇日　初版発行

著作者　河原　道三　

発行所　丸善プラネット株式会社

〒一〇一－〇〇五一

東京都千代田区神田神保町二－一七

電話（〇三）三五一二－八五一六

http://planet.maruzen.co.jp/

発売所　丸善出版株式会社

〒一〇一－〇〇五一

東京都千代田区神田神保町二－一七

電話（〇三）三五一二－三二五六

https://www.maruzen-publishing.co.jp/

編集・組版／株式会社 明昌堂

印刷・製本／富士美術印刷株式会社

ISBN 978-4-86345-430-9 C0010